LINGUAGEM CORPORAL

Use Sua Linguagem Corporal Para Obter O Que Você Quer

(O Guia Definitivo Para Ler A Mente Das Pessoas Através Da Comunicação Não-verbal)

Tony Plank

Traduzido por Daniel Heath

Tony Plank

Linguagem Corporal: Use Sua Linguagem Corporal Para Obter O Que Você Quer (O Guia Definitivo Para Ler A Mente Das Pessoas Através Da Comunicação Não-verbal)

ISBN 978-1-989837-26-9

Termos e Condições

De modo nenhum é permitido reproduzir, duplicar ou até mesmo transmitir qualquer parte deste documento em meios eletrônicos ou impressos. A gravação desta publicação é estritamente proibida e qualquer armazenamento deste documento não é permitido, a menos que haja permissão por escrito do editor. Todos os direitos são reservados.
As informações fornecidas neste documento são declaradas verdadeiras e consistentes, na medida em que qualquer responsabilidade, em termos de desatenção ou de outra forma, por qualquer uso ou abuso de quaisquer políticas, processos ou instruções contidas, é de responsabilidade exclusiva e pessoal do leitor destinatário. Sob nenhuma circunstância qualquer, responsabilidade legal ou culpa será imposta ao editor por qualquer reparação, dano ou perda monetária devida às informações aqui contidas, direta ou indiretamente. Os respectivos autores são proprietários de

todos os direitos autorais não detidos pelo editor.

Aviso Legal:

Este livro é protegido por direitos autorais. Ele é designado exclusivamente para uso pessoal. Você não pode alterar, distribuir, vender, usar, citar ou parafrasear qualquer parte ou o conteúdo deste ebook sem o consentimento do autor ou proprietário dos direitos autorais. Ações legais poderão ser tomadas caso isso seja violado.

Termos de Responsabilidade:

Observe também que as informações contidas neste documento são apenas para fins educacionais e de entretenimento. Todo esforço foi feito para fornecer informações completas precisas, atualizadas e confiáveis. Nenhuma garantia de qualquer tipo é expressa ou mesmo implícita. Os leitores reconhecem que o autor não está envolvido na prestação de aconselhamento jurídico, financeiro, médico ou profissional.

Ao ler este documento, o leitor concorda que sob nenhuma circunstância somos responsáveis por quaisquer perdas, diretas ou indiretas, que venham a ocorrer como resultado do uso de informações contidas neste documento, incluindo, mas não limitado a, erros, omissões, ou imprecisões.

Índice

Parte 1 1

Introdução 2

Desenvolvendo A Confiança: Tente Isto! 3

Saber Ouvir Pode Ajudar Você A Obter Uma Cooperação... 5

Para O Sucesso Em Time, Performance Remove Obstáculos 7

Aperte As Mãos Para Criar Um Vínculo 8

Sorria Para Dar Uma Boa Impressão 9

Expressão Espelho E Postura Para Demonstrar Consentimento 11

Ganhe Poder Em Uma Conversa Usando As Mãos 12

Para Saber A Verdade, Observe Os Pés Das Pessoas 13

Cruzando As Pernas E As Mãos 14
Tensão Corporal 15

Para Dominar Uma Conversa, Mantenha A Sua Voz Perfeita 16

Conclusão 19

Parte 2 20

Introdução 21

O Que É A Comunicação 21
Os Tipos De Comunicação 22
A Importância Da Linguagem Corporal 24
O Poder Da Voz *27*
Usando A Voz *27*
Entendendo A Postura 30
Significados De Diferentes Posturas *31*

Usando Os Olhos 35
Conversando Com As Mãos 38
Entendendo O Uso De Expressões Faciais 41
Usando A Cabeça 44

Conclusão 48

Capítulo 1 50

Reconhecendo Seu Processo De Pensamento 50

A Mente Protetora: *53*
A Mente Projetiva *54*
A Mente Conflituosa: *55*

Capítulo 2 60

Compreender O Seu Processo De Pensamento 60

Parte 1

Introdução

Expressão corporal é um meio pelo qual as pessoas podem ser entendidas. Na maioria das vezes, os sinais que as pessoas dão enquanto se comunicam não são percebidos ou compreendidos.

Seria bem complicado se você tentasse entender esses gestos sem um devido conhecimento, pois a linguagem corporal pode ser complexa, subestimada e multicanal. Pode parecer simples, mas não havendo umentendimento mínimo, será difícil.Mesmo depois de conhecer esses indícios, as coisas podem ficar um pouco confusas quando examinando uma pessoa, porque cada uma é única e, portanto, se comportam de diferentes maneiras.

Observando atentamente, perceberá que um bom orador tem sempre uma linguagem corporal influente à medida que transmite seu discurso. Uma expressão usando o corpo de maneira eficaz pode ajudar a ganhar muito mais atenção das pessoas enquanto discursa.

Neste artigo, você saberá sobrepoderosas linguagens corporais que poderão te ajudar a desenvolver uma ótima personalidade.

Desenvolvendo a confiança: Tente isto!

De acordo com Harvard e a Escola de Negócios Columbia, uma pessoa que mantém sua postura estendida, que se faz presente, é considerada como "Modelo de Alta Potência". Enquanto estiver se sentindo para baixo no seu trabalho, você deve buscar atingir um nível em que, sentiria-se tão confortável e feliz, que apoiaria as mãos atrás da cabeça e colocaria as pernas sobre uma mesa. Esticando suas mãose alongando suas pernas, em pé, somente por dois minutos, ajudaria a estimular o nível de hormônio no seu corpo e reduziria também o estresse.

Você deve tentar este exercício toda vez que estiver para baixo e precisar demonstrar uma aparência confiante. Variações hormonais podem ser

observadas tanto em homens como mulheres, e uma atividade como esta pode ajudá-los a, por exemplo, tomar uma correta decisão em uma situação de risco.
É importante saber que as pessoas são influenciadas pela maneira como se sentem sobre você e não pelo o que você está falando. Uma postura adequada reflete na produção de hormônio e, consequentemente, no nível de cortisol do corpo. Além disso, estar menos estressado aumenta sua capacidade de ter um bom desempenho em situações desgastantes.
É válido ressaltar que não se deve buscar intimidar com sua postura. Você deve somente buscar equilibrar a química do seu cérebro visando o objetivo final de que isso possa ajudar você a se sentir mais confiante e ter um melhor rendimento.
Por dois minutos, mantenha-se em pé. Coloque suas mãos nos seus ombros, depois nos quadris e costas, vendo que possui total domínio de seu corpo, respire profundamente, mantenha seu queixo erguido e sua região torácica estufada.

Assim, você estará preparado para qualquer coisa que tenha que enfrentar.

Saber ouvir pode ajudar você a obter uma cooperação.

Ouvir respeitavelmente é essencial se desejar que uma pessoa converse com você. Você não pode estar em um modo multitarefa à media que estiver tendo um importante diálogo com alguém. Multitarefa pode ser considerado como: olhar seu relógio, checar mensagens no seu celular, desviar o olhar ou até mesmo focar em outra coisa. É importante permanecer atento e próximo da pessoa enquanto se comunicam. Acene com a cabeça, incline-se para frente, demonstre que está de fato prestando atenção. Saber ouvir alguém, permite que esse alguém também se interesse em escutar você. Pessoas atentas demonstram ter consideração pelo falante e garante que a mensagem seja compreendida. Você precisa estar presente todo o tempo e não desfocado checando seu status no

Facebook ou em uma ligação, por exemplo.

Expressão corporal é uma implementação essencial. A linguagem corporal certa te torna uma pessoa atenciosa. A princípio pode fazer você se sentir estranho, mas com prática, é possível que venha a executar isso sem nem perceber. Em todo o caso, quanto mais dominar os quatro fatores a seguir, melhor será as suas conversas com qualquer indivíduo.

Aproxime-se do falante.
Assegure-se de participar da conversa.
Mantenha contato visual.
Acene com a cabeça.

Esses fatores vão permitir que você compreenda a pessoa, conseguindo descobrir se elas estão confortáveis, estressadas, ansiosas ou se o que elas afirmam são indentificáveis na maneira que se vestem.

Para o sucesso em time, performance remove obstáculos

Há muitas desvantagens existindo uma barreira entre você e o seu time com que trabalha. É necessário retirar qualquer coisa que obstrua a visão enquanto está havendo uma reunião. Ainda que esteja em um *coffee break*, é fundamental não segurar a caneca de tal forma que bloqueie a visão com os outros colegas, criando uma distância entre vocês. Uma pessoa que segura a caneca de forma que esta esteja bem alta, acima do peito, indica provavelmente que está se sentindo insegura. É importante ter suas canecas no nível da cintura, de modo que tenha uma confortável interação com os outros.

Quando apresentando um trabalho para um grupo, levante-se. Isso potecializará o engajamento deles. Você pode também engajá-los caso precise, observando o comportamento deles como:

Cabeça voltada para baixo.

Mãos pegando a roupa ou mexendo na caneta.
Os olhos fechados, ou olhando para alguma outra coisa.
Começar a rabiscar ou escrever.
Sentar na cadeira de maneira desajeitada, afundada.

Ao perceber que uma pessoa não se encontra atenta, você pode trazer o foco dela de volta simplesmente fazendo-a uma pergunta pertinente. E enquanto ela responde, garanta que sua linguagem corporal demonstra interesse.

Aperte as mãos para criar um vínculo

Quando iniciar uma conversa com alguém, aperte a mão dela. O contato humano gera vínculos. O tradicional aperto de mão favorece uma impressão positiva com a pessoa a qual você interage, tendo mais chance dela lembrar de você futuramente.

Um bom cumprimento pode fazer você parecer mais amigável e aberto em consideração aos outros. Aperte a mão com a palma virada para cima, indicando sinceridade. A regra vale desde o momento em que você entra em cena. Evite passar a mão na roupa logo após o ato. Após a saudação, se tem alguém, por exemplo, para te guiar até a sala de entrevista, permaneça atrás dela, demonstrando que você respeita e compreende protocolos. Como uma maneira de saudar, todos aqueles que se encontram no gabinete, olhe um a um.

Sorria para dar uma boa impressão

Um sorriso pode fazer você mais acessível, confiável e cooperativo com outros, sendo capaz de estimular também o seu bem-estar. Um sorriso adequado começa a enrugar lentamente seus olhos, iluminando o seu rosto e desaparece devagar. Sorrindo para alguém, você tem grandes chances de receber um outro em troca, e consequentemente, acaba mudando positivamente o emocional da pessoa que retribuiu. Da mesma maneira que é uma poderosa linguagem corporal, pode ser também interpretado de várias perspectivas, como sendo honesto ou ao mesmo tempo sarcástico, falso ou cínico.

Uma maneira de avaliar uma expressão corporal, é concentrar-se nos sinais labiais:lábios pressionados, podem ser um indicador de desaprovação, desconfiança ou desgosto. Morder os lábios indicam preocupação, estresse ou ansiedade.cobrir a boca sugerea tentativa de esconder um entusiasmo, podendo estarcobrindo para evitar mostrar um sorriso. Pequenas mudanças na boca também podem ser indicadores do que a pessoa está sentindo. No ponto em que a boca está ligeiramente voltada para cima, pode implicar que o indivíduo está se sentindo otimista ou feliz. No ponto em que a boca está levemente virada para baixo, pode ser um indicador de desaprovação, tristeza ou mesmo uma careta.

Expressão Espelho e postura para demonstrar consentimento

Quando uma pessoa ou companheiro de trabalho copia sua linguagem corporal, isso significa que o indivíduo está de acordo com suas decisões ou palavras.É uma importante expressão para se ter em mente, pois pode ajudá-lo a assumir uma relaçãode reciprocidade para coma pessoa com quem você está interagindo.
É interessante observar o modo como um casal afetuoso se relaciona. Você verá que as posturas dos cúmplices serão coordenadas, como se um fosse o reflexo espelhado do outro. Por exemplo, na chance de que um cúmplice envolva um braço sobre as costas de um assento, isso pode ser repetido na posição do outro indivíduo. Se um do casal franze a testa, isso pode ser refletido na expressão facial

do outro. Este "espelhamento", mostra aprovação e interesse entre as pessoas.

Ganhe poder em uma conversa usando as mãos

"Área de Broca" é a parte do cérebro humano responsável pela linguagemde expressão. A região é ativada quando você fala ou quando também movimenta as suas mãos. Gestoscom as mãos potencializam a capacidade de pensar, melhorando sua verbalização e sendo benéfico para construir sentenças com uma linguagem mais apropriada.

Sentimentos de inadequação ou nervosismo podem ser percebidos instantaneamento nos seus gestos, podendo ser mal interpretados ou muito distrativos. Por exemplo: braços cruzados tendem a significar que você está discordando, interrompendo a pessoa, ou querendo proteger. Mãos cruzadas na frente, abaixo da cintura, indicam timidez, fraqueza. Mãos nos quadris sugerem algo parental, condescendente, ou até arrogante. Mãos nos bolsos levam a pensar que a pessoa está nervosa.No caso em que seja sua intenção parecer nervoso, arrogante, condescendente, protetor ou fraco à luz do fato de que seu discurso o exija, nesse ponto utilize esses gestos, mas faça isso com motivo!

Para saber a verdade, observe os pés das pessoas

As pessoas geralmente focam na expressão facial, nas mãos ou gestos com braços enquanto estão tentando controlar a linguagem corporal. Elas esquecem de dar ênfase também nas pernas, sendo a parte do corpo onde consegue-se perceber a mentira. O movimento dos pés agitadamente é resultado de um sentimento de nervosismo ou ansiedade.

Observar corretamente os pés das pessoas permitirá que as avalie com sucesso. No geral, os pés ficaram se mexendo constantemente, brigando, enrolando-se um contra o outro. É possível que até você, ao longo de sua vida, já tenha sido vítima devido aos gestos com os pés.

Cruzando as pernas e as mãos

Cruzar as pernas, no geral, terá sempre a perna dominante por cima. Enquanto uma perna sobre a outra pode demonstrar uma atitude reservada e fechada, no geral, não é essa a intenção. É um comportamento que tem muito mais a ver com conforto e hábito. Em um assento desconfortável sem apoio para os braços, por exemplo, pode ser mais vantajoso sentar em posição cruzada e colocar as mãos nas coxas.

Você deve evitar cruzar as pernas ou as mãos quando em uma palestra, aula ou conferência. Pessoas que fazem isso tendem a esquecer o que ouviram. É importante prestar atenção nisso enquanto conversa com alguém, pois assim, perceberá quem está interessado ou não nas suas palavras.

Nossa mente inconsciente raramente trabalha racionalmente ou,para ser mais exato, ela trabalha de maneiras que não pareçam ser racionais para nós. Algumas vezes, cruzar as pernas parece uma abordagem insensata e insuficiente para esconder os órgãos genitais. No ponto em que uma pessoa se sente em grande parte defensiva, ela pode cruzar as pernas e os braços e, desta maneira, obtém um sentimento de proteção completo, já que todos os seus órgãos frágeis ventrais estão cobertos. Este gesto é tipicamente visto em uma pessoa que se sente inaceitável ou ansiosa.

Algumas vezes, quando as pessoas estão se sentindo um tanto defensivas, elas não cruzam completamente as pernas na posição em pé. Em vez disso, elas basicamente cruzam um pé sobre o outro enquanto o pé deslocado repousa sobre os dedos dos pés.

Tensão corporal

Tensão corporal pode mexer com muitas estruturas no corpo, sendo efetivamente descoberta quando nos sentamos. Quando nessa posição, de maneira tensa, ficamos sem controle do nosso corpo, e perdemos todo o sentido de direção. Inconscientemente, você emana uma energia negativa e nada favorável.

Para dominar uma conversa, mantenha a sua voz perfeita

Você precisa verificar a sua voz antes de atender um importante telefonema ou for fazer um discurso. Sua voz deve estar no tom ideal, certificando-se de que não está aumentando o tom no final de cada frase, como se estivesse fazendo uma pergunta ou procurando apoio. Você deve começar a sua fala com um tom normal, um pouco mais elevada no meio do discurso e novamente normal no final. Este procedimento é conhecido como "Arco Autoritário".

A decisão, vontade de transmitir a mensagem e inflexão constituem o nosso tom de voz. Um tom seco, vigoroso ou áspero infereraiva, enquanto um tom de voz suave e sutil sugere prazer ou deleite. Inflexão é a melodia e o movimento da sua voz, o baixo e o alto. Falando de maneira monótona você demonstra zero entusiasmo no que está dizendo.

A inflexão da voz e a acentuação que colocamos em palavras específicas podem mudar o significado de nossas sentenças. Portanto, pense nos pontos-chave que você está considerando e projete seu tom e sua inflexão para acentuar esses pontos. Caso esteja com dúvida de como você deve falar ou pronunciar as palavras, procure igualar a sua voz com a da pessoa com quem você está tendo uma conversa. Ao falar, prefira mudanças graduais e sutis, ouvindo o seu tom e inflexão bem como também buscando entender o da outra pessoa. Esteja atento à sua postura, atenda o telefone instantaneamente, dê uma saudação sincera e calorosa, fale claramente e gentilmente, não descontraia. Sente-se direito!

Conclusão

Observando e dominando estas expressões corporais destacadas neste artigo, você verá uma grande melhoria na sua vida. Compreendendo as ações não verbais das pessoas, você pode ter total domínio do impacto que isto venha a causar.

Parte 2

Introdução

As pessoas pensam que as únicas necessidades da vida são comida, água e abrigo. No entanto, existem outras coisas igualmente importantes.

Uma delas é a comunicação. Sem isso, não saberíamos o que comer, onde encontrar água ou como construir uma casa.

O que é a comunicação

A comunicação é uma troca de mensagens entre duas ou mais pessoas. Não há como a comunicação ocorrer se houver apenas uma única pessoa envolvida.

Conversar, ouvir rádio, ver uma placa de trânsito, olhar para um anúncio no jornal, etc., são todas formas de comunicação.

Uma coisa que você deve considerar ao enviar sua mensagem é seu canal de comunicação. Caso contrário, sua mensagem pode não chegar ao receptor. Por exemplo, você não faria um telefonema se quisesse dar uma bronca em alguém. Em vez disso, encontrar-se pessoalmente seria sua melhor aposta.

Ao mesmo tempo, você deve garantir que sua mensagem seja clara para não confundir o receptor. Enviar mensagens ambíguas é uma violação de uma das mais importantes regras de comunicação (embora ninguém seja preso por este crime).

Quando o seu receptor recebe a mensagem, ele tem uma ordem para mostrar que entendeu o que você estava tentando comunicar. Ele pode fazer isso acenando a cabeça, respondendo através da fala, etc. Contudo, nem todas as mensagens precisam de feedback.

Os tipos de comunicação

A partir da definição acima, é fácil ver que há várias maneiras de se comunicar. Porém, discutiremos apenas as três mais comuns:

1. Comunicação escrita

Desde que você saiba ler e escrever, a escrita é uma das formas mais comuns de comunicação que você pode usar. Ela inclui livros, jornais, conversas em redes sociais, etc.

Mas ser uma das formas mais comuns não torna esse tipo de comunicação superior.

A escrita só é adequada em algumas situações. Um dos pontos positivos é o fato de você poder reescrever sua mensagem até que ela fique clara. Além disso, é fácil manter esse tipo de material para futuras referências.

2. Comunicação Verbal

Comunicar-se verbalmente envolve o uso da voz para levar suas mensagens aos ouvintes. Você pode pensar em participar de reuniões, ouvir rádio, conversar pessoalmente com um amigo etc.

A melhor parte da comunicação verbal é o feedback instantâneo. Portanto, se sua mensagem não estiver clara, você poderá fazer correções. Outra questão é que você pode deduzir como o receptor reagiu à sua mensagem.

3. Linguagem corporal

Uma forma de comunicação que é ignorada na maior parte das vezes diz respeito à linguagem corporal. Embora o corpo não tenha uma boca própria, ele diz muito sobre o que está acontecendo em sua mente.

Querendo ou não, seu corpo está sempre falando. Somente quando você está ciente do que o seu corpo diz é que você pode ter o controle e influenciar o que outras pessoas entendem da sua linguagem corporal.

Alguns exemplos de linguagem corporal incluem cerrar o punho quando zangado, revirar os olhos, cruzar os braços como um sinal de resistência, etc.

A importância da linguagem corporal

Ao longo de anos de evolução, nós melhoramos a forma como usamos as palavras. No entanto, isso não deve ser uma desculpa para negligenciar a única coisa que ajudou os humanos a sobreviver desde o início dos tempos - a linguagem corporal.

Estudos mostram que mais de 70% da nossa comunicação é não-verbal. Outro fato surpreendente é que todos acreditam mais na comunicação não-verbal do que nas palavras que estão sendo ditas.

Se você diz que está feliz enquanto seu rosto está enviando uma mensagem contraditória, a outra pessoa vai perceber imediatamente. Ela vai entender essa mensagem mesmo sem ter a consciência de que está fazendo a leitura da linguagem corporal.

Alguns dos gestos que fazemos são universais em todo o mundo. Mas, ao mesmo tempo, a linguagem corporal varia de acordo com a região. O que pode ser um simples gesto na sua cultura pode causar um impacto em outras culturas.

<u>Por que você deve aprender a usar a linguagem corporal</u>

Se você quer ter sucesso na vida, é crucial que você entenda como usar a linguagem corporal. Como a comunicação é uma parte importante da vida cotidiana, você precisará ser bom nisso.

Você usará a linguagem corporal principalmente para influenciar as pessoas ao seu redor. Pense em uma entrevista de emprego, por exemplo.

Geralmente, não é a pessoa mais qualificada que consegue o emprego. E também não é aquele que dá as melhores respostas. Pelo contrário, é aquele que sabe como usar a linguagem corporal para convencer os entrevistadores de que ele pode fazer o trabalho melhor que ninguém.

Se você aprender a usar a linguagem corporal corretamente, você se tornará alguém confiante. As pessoas não terão dificuldade em confiar em suas ideias.

Além disso, fazer amigos será uma tarefa mais fácil. Mostrar-se como alguém aberto e sociável não é fácil quando você está usando apenas palavras. Mas, com a linguagem corporal, você pode se tornar um ímã de pessoas.

Todavia, aprender a usar a linguagem corporal requer que você entenda o que as outras pessoas estão dizendo com a linguagem corporal delas. Dessa forma, você achará fácil responder e influenciar essas pessoas.

O poder da voz

Quando nos prepararamos para uma apresentação, gastamos muita energia planejando um discurso perfeito. No entanto, você está bem ciente de que não são apenas as palavras que importam. Sua linguagem corporal desempenha um papel importante em levar suas ideias para casa.

Um dos instrumentos mais simples que as pessoas não conseguem usar ao tentar impressionar os outros é a voz.

O modo como você utiliza sua voz pode aumentar ou diminuir suas chances de influenciar as pessoas ao seu redor. Com a sua voz, você pode ou não atrair a atenção de todos.

Com a sua voz, você pode deixar suas ideias parecerem mais interessantes e fazer as pessoas confiarem em você. Você pode enfatizar os pontos que deseja que as pessoas se lembrem no momento em que forem dormir.

Usando a voz

Na maioria das vezes, usar a voz na linguagem corporal envolve 3 coisas: a velocidade com que você diz suas palavras, a entonação e o alcance.

Alcance

Diz respeito a quão alto ou baixo sua voz soa. O alcance é determinado pela tensão das suas cordas vocais.

Se você quiser produzir um som agudo, as cordas vocais devem ficar mais apertadas. Pelo contrário, se você quiser um som baixo, as cordas vocais devem ficar relaxadas.

Quando você está com medo ou muito empolgado, suas cordas vocais vão se apertar automaticamente, dando um som agudo à sua voz.

Porém, esse tipo de som geralmente está associado a pessoas que não têm autoridade. Assim, é melhor você diminuir o tom de sua voz ou então as pessoas não vão te levar a sério.

Entonação

É quando você aumenta e diminui o volume enquanto fala. Muitos não conseguem usar a entonação de maneira adequada. Falar de um jeito monótono faz você acabar soando como um robô. As pessoas ficam entediadas com alguém falando assim, então elas param de ouvir o que você está dizendo.

Ao diminuir e aumentar o volume enquanto fala, você cativa seu público. Se isso ocorrer enquanto os ouvintes estiverem com sono, eles se esforçarão para permanecer acordados. Dessa maneira, você conseguirá transmitir suas ideias.

*** Velocidade***

A velocidade com que você diz suas palavras também pode ter um impacto sobre as pessoas. Um erro comum é pensar que, se você parar, as pessoas ficarão irritadas. Contudo, falar sem pausas deixa as pessoas entediadas. Todos precisam de uma pausa para entender o que você está dizendo.

Então, mesmo quando você não tem tempo, não se apresse. Fale como se você estivesse conversando com um amigo. Você se tornará alguém confiante e as pessoas acharão fácil confiar em suas ideias.

Uma coisa que você deve lembrar se quiser ter controle sobre sua voz é a maneira como respira. Lembre-se, para produzir som, você precisa respirar. Então, se a sua respiração é irregular, você ficará sem ar no meio das frases, passando a imagem de alguém que está assustado e não merece confiança.

Você também deve procurar manter uma boa postura, pois isso também é algo que afeta o seu som.

Entendendo a postura

A verdade é que muitos não sabem ler o significado dos diferentes tipos de postura. No entanto, esta é uma parte da leitura da linguagem corporal que não pode passar em branco.

Normalmente, a postura é determinada pelo subconsciente, tornando difícil para qualquer pessoa perceber as mensagens que ela própria está enviando para os outros.

Com uma má postura, você será visto como alguém sem confiança, triste ou até mesmo preguiçoso. Se você está tentando convencer os outros a seguir suas ideias, suas chances de sucesso serão reduzidas significativamente.

As pessoas confiam naqueles que possuem auto-confiança.

Significados de diferentes posturas

A postura é um dos aspectos da linguagem corporal que é universal na maioria das culturas. Uma pessoa que está triste em Londres provavelmente se sentará da mesma maneira que alguém que está triste na Califórnia.

Isso porque essas diferentes posturas estão enraizadas em nossas veias há séculos. E, gostando ou não, você usa essas posturas todos os dias.

Entender o significado de diferentes maneiras de se sentar permitirá que você se apresente como alguém que tem autoridade.

Braços cruzados sobre o peito - da próxima vez que você estiver conversando com alguém que tenha os braços cruzados sobre o peito, saiba que essa pessoas está tentando te dizer alguma coisa. Fica de pé ou sentado nessa posição mostra que a pessoa está se defendendo.

Essa pessoa também pode adotar essa postura para mantê-lo afastado se achar sua presença irritante. Então esta é sua lição: evite cruzar os braços sobre o peito. Você só deve usar essa posição quando quiser impedir que as pessoas se aproximem de você.

Braços nos bolsos ou nos lados - quando alguém está se sentindo inseguro ou nervoso, é comum colocar as mãos nos bolsos. Se não for o caso, a pessoa vai deixar as mãos de fora de maneira firme.

Ficar em um só pé - Você pode ver uma pessoa encostada em uma parede com todo seu peso em um pé. Não é necessário dizer que todo mundo faz isso o tempo todo. Essa postura indica que você está simplesmente tentando relaxar.

Colocando as mãos nos joelhos - quando você está sentado e, de repente, você coloca as mãos nos joelhos, isso indica o seu desejo de sair. Pode ser que a conversa tenha chegado ao fim ou que você não veja necessidade de continuar sentado.

Apontando os pés em uma direção - fazer isso quando você está em pé também mostra que você gostaria de sair. Isso pode ser feito com os dois pés ou apenas um.

Apertar os dedos - se você apertar seus dedos uns contra os outros próximo da área abdominal, você envia sinais de que está tentando se manter no controle. Pode ser que você esteja em uma situação que te faça sentir como se estivesse explodindo.

Palmas nos quadris - colocar a palma da mão nos quadris mostra que você está esperando pacientemente que algo aconteça.

Descansar encostando a coluna - quando você se senta em uma cadeira descansando de costas com as pernas quase esticadas, você se encontra em outra posição que todo mundo adota quando relaxa.

Inclinar-se para frente - quando você está sentado de frente para alguém, inclinar-se para frente mostra seu interesse na pessoa ou no que ela está dizendo. No entanto, tenha cuidado para não exagerar pois você corre o risco de invadir o espaço pessoal do outro, o que deixará a pessoa desconfortável.

No entanto, há uma coisa sobre a postura que você precisa dominar. Ao fazer isso, você parecerá confiante, facilitando a confiança das pessoas em você.
Tudo o que você precisa fazer é aprender a ficar de pé ou sentado. Seus ombros devem estar sempre alinhados com suas orelhas.
Para dominar isso, imagine que você está sendo puxado para cima por uma corda presa ao seu peito. Com o tempo, você vai ter o domínio de ficar em pé dessa maneira.
Uma má postura não afeta apenas sua imagem, mas também é ruim para sua saúde. Então, se você estiver carregando todos os problemas do mundo em seus

ombros, é hora de se imaginar abandonando tudo e começar a ficar em pé direito.

Usando os olhos

As pessoas dizem que os olhos são as janelas de uma alma mentirosa. Uma pessoa pode ver através de você a falta de sinceridade com suas palavras.
Com isso em mente, é importante aprender a fazer bom uso dos olhos. Se você usá-los da maneira certa, as pessoas vão se apaixonar pelo que você está dizendo. Ao mesmo tempo, se você fizer o oposto, espere o pior.
Normalmente, as pessoas concentram-se nos olhos quando conversam e ouvem, já que olhar para outras partes do corpo pode ser visto como rude na maioria das culturas.
Olhar para cima – quando alguém olha para cima, isso indica que a pessoa está pensando. Se os olhos estão para cima e olhando para a direita, essa pessoa está tentando lembrar algo da memória. Se os

olhos estão para cima, mas voltados para a esquerda, a pessoa provavelmente está tentando inventar alguma coisa. Na maioria dos casos, os olhos constantemente voltados para cima e para a esquerda durante uma conversa sinalizam um mentiroso.

Olhar para baixo - as pessoas geralmente olham para baixo como um sinal de submissão. Isso acontecerá inconscientemente quando encontrar alguém que você sabe que não pode derrotar.

Encarar - se você encara alguma coisa, isso significa que toda a sua atenção está focada naquilo. Da próxima vez que você quiser direcionar a atenção das pessoas para algo, simplesmente encare para aquela direção. Subconscientemente, eles seguirão seus olhos para ver o que você está olhando. Por outro lado, olhar para o corpo de alguém é um sinal de luxúria na maioria das culturas.

Olhar de relance - fazer isso mostra que você está interessado nessa coisa. Por exemplo, um homem continuará olhando de relance para uma mulher se ele a achar atraente. Da mesma forma, você continuará olhando para a porta quando quiser expressar seu desejo de sair.

Contato comosolhos - esta é uma das coisas mais importantes que você deve aprender sobre como se comunicar com seus olhos. Isso mostra que você está interessado no que alguém está dizendo. Sem isso, a outra pessoa pode achar que você acha a presença dela chata e que sua mente está pensando em outra coisa.

Então, quando estiver conversando com alguém, faça questão de garantir que você tenha contato visual com a pessoa. No entanto, perceba que é normal quebrar o contato visual de vez em quando. Se você prolongá-lo, será confundido com uma ameaça, fazendo com que a outra pessoa se sinta desconfortável.

Não fazer contato visual é sinal de muitas coisas. Pode significar que você está mentindo para não ser descoberto. No entanto, bons mentirosos olham para você a fim de evitar serem detectados. Mas o contato visual será por mais tempo do que você consideraria normal.

Em outros casos, deixar de fazer contato visual também pode ser um sinal de insegurança.

Conversando com as mãos

As mãos são provavelmente uma das partes mais importantes do corpo. Eu pude escrever isso por causa das minhas mãos. Você está lendo este livro porque suas mãos são capazes de segurá-lo e folhear as páginas.

No entanto, suas mãos não estão limitadas apenas a essas atividades. É possível usá-las para influenciar as pessoas ao seu redor se você aprender a fazer isso corretamente.

Aprender a falar com as mãos não é tão complicado quanto muitos pensam. De fato, dominar o uso de suas mãos para influenciar os outros é fácil quando você está comprometido em ser bom nisso.

Utilização das suas Mãos

Como em qualquer coisa, você deve saber o significado das mensagens que enviará com as mãos antes mesmo de pensar em falar com elas.

Esfregando as mãos - você verá esse gesto feito por pessoas quando estiverem esperando algo positivo. A intensidade da fricção indica quanta energia eles têm para isso; esfregar rápido mostra mais ânimo do que a fricção menos excessiva.

Apoiando a cabeça com as mãos - o significado que você pode transmitir com esse gesto difere dependendo de como suas mãos estão posicionadas. Mas geralmente, é um sinal de tédio. Isso mostra que você está tentando ao máximo se atentar para o que está ouvindo, mas está achando difícil se concentrar.

Bater os dedos - quando alguém está esperando ansiosamente que algo aconteça, essa pessoa irá bater os dedos. Isso pode acontecer quando você está preso no trânsito, onde você dá tapinhas no volante.

A torre das mãos - nesta posição, suas mãos se parecerão com a postura que você adota quando reza. Você verá que isso é feito principalmente por gerentes e outras pessoas em posição. Essa torre mostra que você tem muita confiança e é usada principalmente enquanto se fala.

A torre inversa com as mãos - é semelhante à torre mencionada anteriormente, exceto pelo fato de que suas mãos formam um triângulo de cabeça para baixo. Ao olhar para este gesto, ele dá a mesma imagem de alguém que está confiante. No entanto, isso é usado quando você está ouvindo.

Segurando as Mãos Atrás das Costas - isso pode ter muitos significados dependendo de como você está segurando suas mãos. Se você tem uma palma da mão segurando a outra mão, isso simplesmente mostra sua superioridade e confiança. Você vai ver isso nas forças armadas, membros de uma família real e outras pessoas poderosas.

Quando você tem uma mão segurando seu pulso, é um sinal de que você está com raiva e está se esforçando para se controlar.

Mostrando o polegar - sempre que alguém mostra apenas os polegares, essa pessoa está dando uma mensagem de seu domínio e superioridade. Pode ser que as mãos estejam nos bolsos e apenas os polegares estejam visíveis.

Ao conversar, as pessoas usarão as mãos para enfatizar um ponto, incentivar a outra pessoa a fazer algo, etc. Para se tornar melhor em falar com as mãos, observe como você as usa quando está com amigos.

Será possível notar que isso acontece antes mesmo de você pensar nos gestos. Se você puder fazer o mesmo quando estiver com outras pessoas, ficará bom nisso. Saiba apenas que vai levar tempo e muita prática.

Entendendo o uso de expressões faciais

O rosto possui mais expressões do que qualquer outra parte do corpo. Além disso, não é fácil enganar as pessoas com o rosto. Se você está triste, forçar um sorriso não vai fazer você parecer feliz.

Isso ocorre porque suas emoções e o cérebro controlam muito do que você diz com seu rosto.

Por exemplo, quando você estiver irritado, seu rosto ficará vermelho. Não importa o quanto você tente esconder isso, qualquer um notará que você está com raiva. Isso é resultado de um aumento no sangue de todas as partes do corpo, incluindo o rosto.

Então, no final, você fica vermelho. Este é um instinto inato para alertar outras pessoas que, se não recuarem, vão se machucar.

Nesse sentido, não há como impedir que outras expressões faciais aconteçam.

No entanto, isso não significa que não há nada que você possa fazer. Algumas expressões faciais podem ser controladas através da aprendizagem. Ademais, a maioria delas acontece rapidamente, tornando difícil para todos verem exatamente o que está acontecendo em sua mente.

O truque é saber o que significam diferentes expressões faciais. Você pode usar um espelho para imitar essas expressões e desfazê-las sem parecer que está forçando as mesmas.

Mas de todas as coisas que você pode fazer com o seu rosto, a única coisa em que você deve ser bom é sorrir. Dominar a arte de produzir um sorriso convincente quando você não está interessado não é fácil.

Se as pessoas com quem você está falando detectarem que está fingindo, perderá a confiança delas. Além disso, você não terá nenhuma chance de convencê-las a fazer o que você queria que elas fizessem.

Como você já deve saber, você precisará praticar sorrindo se quiser ficar bom nisso. Então pegue um espelho e veja como você fica quando sorri. Se você não gosta do que vê, é importante fazer algumas melhorias.

Eu recomendaria que você começasse com algumas fotos antigas. Compare as que você estava realmente feliz com aquelas que você se forçou a sorrir.

Imite a maneira como você pareceu naquelas fotos que você estava feliz. Não coloque todo o seu foco na boca. Preste também atenção aos olhos, pois eles ajudam a tornar o seu sorriso genuíno.

Você sentirá que suas maçãs do rosto se erguerão ao sorrir com seus olhos.

Para acelerar o processo de aprendizagem, lembre-se de momentos que fizeram você se sentir bem, pois você estará praticando como sorrir.

Você deve, no entanto, ter em mente que dominar a arte de sorrir não vai acontecer da noite para o dia. Saiba apenas que vai levar tempo e muita prática.

Depois de se sentir confiante, tente sorrir em suas conversas diárias. As pessoas vão te achar amigável. Se eles estiverem nervosos por estarem em sua presença, você os fará se sentir em casa.

Usando a cabeça

Por ser uma das partes mais proeminentes do corpo, você deve levar tempo aprendendo a usar a cabeça. Com ela, você pode incentivar alguém a se abrir para suas ideias, que ajudarão você a atingir seu objetivo.

Embora você esteja limitado no que pode fazer com a sua cabeça, ainda há muito que você fazer com ela. Então, sem mais delongas, vamos ver o que a cabeça pode fazer além de pensar:

Abaixar a cabeça

Abaixar a cabeça pode significar muitas coisas dependendo da situação que você está enfrentando. Uma das primeiras impressões que uma cabeça abaixada dará é que você está se defendendo.

Pode ser que você se sinta ameaçado por alguém ou algo próximo a você. Você adotará essa posição automaticamente, protegendo seu pescoço e outras partes vulneráveis.

No entanto, uma cabeça abaixada também pode indicar que você está cansado e quer dormir.

Levantar a cabeça

Isso envia mensagens que significam o oposto de uma cabeça abaixada. Levantar a cabeça é visto como um sinal de confiança. Ao mesmo tempo, você também usará essa postura ao desafiar alguém. Em algumas situações, levantar a cabeça indicará que você está interessado em algo que acabou de acontecer.

Contudo, se a cabeça percorrer todo o caminho para olhar para o teto, você está dizendo às pessoas ao redor que você está entediado.

Acenar

Esse é outro movimento da cabeça que adotamos desde o dia em que nascemos. Acenar é uma maneira de mostrar sua concordância com alguma coisa.

Pode ser o que alguém está dizendo, fazendo, etc. Quanto mais rápido você acenar com a cabeça, mais você concorda com o que está acontecendo.

Você também pode acenar enquanto fala para fazer a outra pessoa concordar com o que você está dizendo. E na maioria das vezes, esse truque funciona muito bem.

Novamente, você também pode acenar com a cabeça quando alguém está falando, a fim de incentivá-la a continuar com o que ela está dizendo. Isso não apenas mostra seu interesse pelas ideias dela, mas também faz com que ela se sinta à vontade para conversar com você.

Inclinar a cabeça

Você pode inclinar a cabeça de várias maneiras. Mas se você inclinar para frente, isso mostra que está curioso com o que está acontecendo. Você pode aplicar esse truque para indicar que deseja saber mais sobre o que alguém acabou de dizer.

Agitando de um lado para o outro

Até os bebês sabem como usar esse gesto desde o dia em que nascem. Portanto, não é de surpreender que seja um dos gestos mais comumente conhecidos que você pode fazer. Isso mostra sua discordância com algo ou alguém.

Quanto mais rápido você fizer, maior a intensidade do seu desacordo.

Conclusão

Obrigado novamente por fazer o download deste livro!

Espero que este livro tenha ajudado você a descobrir algumas maneiras de usar a linguagem corporal para convencer as pessoas à sua volta a fazerem o que quiser.

Lembre-se de que todo mundo lê e usa a linguagem corporal o tempo todo. Isso pode ser feito consciente ou inconscientemente.

O próximo passo é praticar tudo o que você aprendeu neste livro. Tornar-se um profissional na comunicação usando seu corpo não é uma tarefa fácil.

No entanto, qualquer um pode ficar bom nisso, desde que esteja disposto a fazer o esforço. E no final, você vai perceber que valeu a pena todo o trabalho quando você finalmente começar a hipnotizar as pessoas com a sua linguagem corporal.

Por fim, se você gostou do livro, gostaria de te pedir um favor, você poderia deixar um comentário sobre ele?

Eu ficaria enormemente agradecido!
Neste livro, compartilharei com você como desenvolver a mentalidade correta para perseguir seus objetivos e alcançar o sucesso pelo qual você está se esforçando. Além de "Mindset", você também terá a oportunidade de receber meus novos livros gratuitamente, receber brindes e outros e-mails valiosos de minha parte.

Capítulo 1

Reconhecendo seu processo de pensamento

"A vida é como um jogo de xadrez. Para ganhar você tem que fazer um movimento. Saber qual movimento fazer vem com visão, conhecimento e com a aprendizagem de lições que são acumuladas ao longo do caminho. Nós nos tornamos cada peça do jogo chamada vida!"- Allan Rufus

Vamos começar falando sobre o que significa entender a si mesmo em oposição ao que significa entender seu processo de pensamento.

A maioria das pessoas não consegue distinguir e tende a pensar que a sua personalidade e a sua mentalidade são basicamente a mesma coisa. Isso é o mesmo que pensar que o comunismo e o socialismo são a mesma coisa - é fundamentalmente impreciso, e, no entanto, os conceitos parecem tão semelhantes quando vistos de relance que você não pode realmente culpar ninguém por misturar os dois.

A maneira mais fácil de entender a diferença é primeiro entender como eles se relacionam - a sua mentalidade é a maneira que você escolhe ver as coisas, não é contrária à opinião popular como um processo fixo, mas sim um processo em constante evolução. Sua mentalidade muda em todos os grandes eventos da vida, algo aparentemente insignificante como uma conversa com um homem sem-teto em um canto do parque pode mudar a maneira como você vê as coisas, e é essa percepção das coisas que o define como pessoa.

Então, basicamente, sua "personalidade" é a soma total das mentalidades em constante evolução que você teve - e é por isso que é tão importante reconhecer o tipo de processo de pensamento que você tem agora, e quais aspectos de sua personalidade esse processo de pensamento está afetando e, finalmente, como você pode moldar seu processo de pensamento para algo que é mais positivo e produtivo para você como pessoa.

Agora, existem cerca de um milhão de maneiras diferentes de diferenciar os processos de pensamento - para muitos de nós isso se torna ainda mais complicado, porque na verdade somos mais uma mistura de dois ou mais desses tipos, mas, por simplicidade, vamos colocá-los em três grupos principais e explicar como cada um deles funciona para que você possa reconhecer qual tipo é mais parecido com você.

Pronto?
Vamos lá.

As três mentalidades sobre as quais falaremos hoje são:

1. **A mente protetora**
2. **A Mente Projetiva**
3. **A Mente Conflituosa**

A Mente Protetora:

A mentalidade protetora é realmente o processo de pensamento mais comum visto em adultos e adolescentes desta geração. Por causa do modo como os eventos mundiais se desenrolaram, pessoas de todo o mundo perderam sua confiança coletiva um no outro. Os hippies dos anos 60 foram substituídos pelos cínicos modernos - e a questão é que tendemos a pensar que estamos em melhor situação para isso.

A forma como a Mente Protetora age nos faz sentir como a negatividade que passa através do nosso processo de pensamento é um mal necessário, algo que precisamos para sobreviver - como uma verificação da realidade constante: "Você tem *certeza* de que pode fazer isso?" "Isso *realmente* vai funcionar?", "Será que valeria a pena o esforço?" etc.
E a razão pela qual cedemos tão facilmente é geralmente porque parece

tão razoável, e tão maduro - por que devemos pensar cuidadosamente nos prós e contras de um plano antes de executá-lo, certo? Bem, sim - mas é tão importante, se não mais, manter toda essa negatividade borbulhante sob controle - do contrário, você vai de cauteloso a paranoico em sessenta segundos - e a história do copo meio vazio pode ficar realmente cansativa.

Outra coisa a lembrar é que o pensamento negativo tende a gerar negatividade em sua vida cotidiana, permitindo que o seu pessimismo interior ocorra excessivamente, o que significa que você está se deixando aberto a se tornar um velho que está apavorado demais para dizer 'Sim' para qualquer coisa!

A Mente Projetiva

Em seguida, a Mente Projetiva - essa mente mais comumente chamada de Mente Positiva é, literalmente, a mais rara das mentalidades, o que é irônico, dado que é exatamente o tipo de mentalidade que você quer construir.

Simplesmente coloque a Mente Projetiva no lado oposto da Mente Protetora, onde tudo é arco-íris e unicórnios e faz parecer que "tudo vai dar certo!" - e isso não é uma coisa ruim, a capacidade de manter um ponto de vista otimista enquanto você lida com questões da vida real, assim como desastres maiores e menores significam apenas uma coisa - você tem coragem.

Tendo dito isso, é importante ter certeza do seu otimismo, você está escolhendo fazer escolhas positivas ao invés de simplesmente ficar alheio ao óbvio porque você está deixando o seu ego falar com você sobre o impossível!

A Mente Conflituosa:

O terceiro padrão de pensamento em nossos 'Processos de Pensamento para Leigos' é na verdade mais uma mistura dos dois padrões de pensamento que já discutimos - apenas, em vez de captar os melhores traços de cada um, essa versão dos padrões de pensamento humanos é basicamente a versão amplificada de todos os extremos que cada um tem.

Para colocá-lo em termos leigos, a mente conflituosa é como se seu melhor amigo o estimulasse a participar de um grande show, apenas para, uma hora antes, se mostrar aterrorizado por estar em um espaço tão lotado, e continuar falando de todas as maneiras sobre como ir ao show é realmente uma má ideia.

Só que não se trata apenas de um concerto aleatório - mentes conflitantes colhem essa confusão total e a projetam em todos os lugares, até que você não pode sequer sair e comprar um par de sapatos sem ter um mini-ataque de pânico.

Basicamente, o que acontece é que os pares mentais conflitantes entendem a paranoia da mente protetora, ou seja, a negatividade em você com a existência teórica de um "mundo encantado" em sua mente projetiva. Ela então se senta e observa você ir de um extremo ao outro, o que pode soar absolutamente hilário, mas se trata de algo ruim.

Os pensadores em conflito geralmente ficam tão confusos que não conseguem se conformar com uma única decisão sem assistência de terceiros - condenando-os à vida em um pêndulo perene balançando de um extremo a outro.

Agora, vamos ser francos - o seu trabalho aqui era reconhecer qual padrão espelha mais o seu processo de pensamento.
Supondo que você tenha feito isso, você provavelmente também percebeu que nenhuma dessas três são mentalidades particularmente atraentes para lidar - e, no entanto, elas são exatamente com as quais temos que lidar.

Você não quer ser paranoico, esquecido ou os dois. Não se você puder evitar - e é aqui que nós entramos - o que você precisa entender é que nenhum dos padrões de pensamento é exatamente "ruim" por si só, especialmente se eles são seguidos com moderação, mas são "inúteis" quando começam a penetrar em todo pensamento que você tem.

É o quanto você permite que esses processos de pensamento específicos sobrecarreguem sua própria mentalidade - essa é a questão - você tem a capacidade de escolher como você vai perceber um determinado problema, você só precisa entender como controlar seus pensamentos.

Mas, estou me adiantando, você agora aponta como pensa - se você vai mudar sua maneira de pensar, primeiro você precisa entender porque é que você começou a pensar dessa maneira particular.

Você precisa reconhecer as nuances específicas que controlam seu processo de pensamento e os eventos que levaram a esses botões de acionamento específicos.

Pronto?

Continue então!

Capítulo 2
Compreender o seu processo de pensamento

"Pare de procurar por restos de prazer ou satisfação, por validação, segurança ou amor - você tem um tesouro dentro de si que é infinitamente maior do que qualquer coisa que o mundo possa oferecer." - Eckhart Tolle

Agora que passamos para a ideia de tentar entender que tipo de processo de pensamento nós temos, precisamos seguir em frente para tentar decifrar exatamente o que nos leva a esse processo de pensamento específico - por que pensamos assim, que eventos ou ações nos levaram a ver o mundo da maneira que fazemos agora e como essas ações ou omissões afetam as pessoas a nossa volta, bem como nossas próprias ações.

Basicamente, estamos prestes a descobrir o que faz você funcionar - quando

começou equal era a melhor maneira de "reagir".
Entendido? Ótimo - aqui vamos nós!

O processo de pensamento de uma pessoa é geralmente moldado com base nos três P.

Seu **P**assado, seus **P**ares e seus **P**ais.

A maneira como a mente humana trabalha é criando uma ponte de um evento para outro, então o que vamos fazer neste capítulo é explicar como cada um desses três aspectos se juntam para criar sua perspectiva básica de mundo.
Vamos começar com o óbvio

Seu passado -

Agora, não é de se surpreender que um evento passado modelasse a forma como uma pessoa tende a ver eventos semelhantes no futuro - o que você precisa entender, entretanto, é com qual evento passado você está lidando.

Foi um evento traumático que te marcou razoavelmente, ou foi apenas um medo irracional que você desenvolveu? De qualquer forma, pare de se concentrar no fato de que você simplesmente "não gosta" e se *pergunte por* que você está tendo uma reação negativa a isso. É importante que você entenda isso, porque você pode não ser capaz de controlar seu passado ou mudá-lo - mas o que você pode fazer é mudar a maneira como você o vê -

Confusos?

Deixe-me guiá-lo através de um pequeno exercício que eu gosto de chamar de 'Destruir preconceitos'.
Em primeiro lugar, eu vou pedir para você deixar de lado o que estiver fazendo e se concentrar apenas nas próximas instruções. Realmente foque, não deixe isso para lá, e não diga a si mesmo que fará isso depois, apenas sente-se e faça o que estou prestes a lhe dizer.

Pronto?

Primeiro Passo: Identifique a emoção mais negativa que você já experimentou.

Passo 2: Logicamente, tente entender o que o levou a isso - onde aconteceu, por que aconteceu, o que aconteceu antes do fato, como poderia ter sido evitado, por que não foi evitado? Seja honesto, não dê desculpas para si ou para os outros!

Passo 3: Pergunte a si mesmo de que maneira a sua negatividade em relação a esse incidente em particular moldou sua atitude em relação a incidentes semelhantes.

Pense nisso assim - você se lembra daquele amigo que você era muito próximo, mas agora faz questão de não ficar em contato? Por que você faz isso? Qual foi a coisa ou melhor, quais foram as infinidades de pequenas coisas que

fizeram com que você mudasse a maneira como você se sente em relação a essas pessoas?
Não seja vago - seja específico, pense em eventos específicos, ações ou coisas ditas ou não ditas - entendeu? Essa é a "razão" que você está procurando.

Há sempre uma razão para o jeito que você age e para ver as coisas do jeito que você vê. Elas nem sempre podem ser razões sólidas, ou até mesmo uma razão lógica, mas elas existem - e elas afetam como você se comporta em situações semelhantes mais tarde na vida, é como uma reação automática - então até você desacelerar e racionalizar o caminho que percorreu até chegar à sua 'reação', você vai ficar preso nesse mesmo ciclo.

Seus pares -

Há um outro fator externo que desempenha um papel importante em relação a como você vê ou percebe situações e incidentes específicos - as pessoas ao seu redor. Seus colegas, as pessoas com quem você lida, os seus iguais, são como seus irmãos de guerra ou irmãs de guerra, qualquer que seja. O ponto é que essas pessoas têm suas próprias perspectivas sobre certas questões e essas visões podem afetá-lo à medida que você tenta se encaixar com elas.

As pessoas geralmente tendem a pensar que a pressão dos colegas é um fenômeno adolescente ou de ensino médio - eles não poderiam estar mais errados. A noção de pressão dos pares apenas começa a ganhar impulso em nossa adolescência, é conhecido por continuar bem em nossos cinquenta ou até sessenta anos.

O que você precisa ter em mente é que - A pressão dos colegas não é apenas sobre alguém te pressionar para fazer alguma coisa - pode ser sobre algo tão simples como 'não' fazer algo, ou não pensar de uma certa forma - qualquer coisa basicamente que te faz se conformar com o que geralmente é a norma aceita nesse grupo de pessoas.

Então da próxima vez que você reagir a algo, ou mesmo mentalmente catagorizar algo - pergunte a si mesmo se você está agindo baseado em como você vê aquela coisa em particular ou se você está reagindo baseado em como as pessoas ao seu redor veem isso, começando de amigos para família ou apenas pessoas aleatórias no facebook, ou se você realmente vê as coisas assim. Pergunte a si mesmo - você ficará surpreso com a frequência com que alguém pensa por você!

Seus pais -

Em algum ponto de suas vidas, a maioria das pessoas faz questão de agir contra seus pais ou tentar estabelecer o quão diferentes eles são - mas a verdade é que somos mais parecidos com nossos pais do que sabemos!

É um pensamento terrível, não é? - Mas é verdade!

Os pais importam - na verdade, as influências, escolhas e perspectivas de seus pais são importantes, elas são como o seu próprio processo de pensamento é moldado quando criança. Essas influências vêm de duas maneiras; alguns são ensinados, como moral e ética, enquanto alguns são absorvidos pelo estilo de vida em que são criados.

Esses pensamentos são todas extensões da maneira como você foi condicionado a ver as coisas - quando você pensa nisso, sua reação imediata ao que é um comportamento 'bom x mau' e o que não é geralmente - o que seus pais consideraram ser bom comportamento é bom comportamento e o que eles consideraram ser mau comportamento é mau comportamento - não é até as pessoas envelhecerem que eles começam a desenvolver suas próprias opiniões, e mesmo assim as opiniões de seus pais sempre tendem a formular a base de seus princípios iniciais, seus padrões de pensamento.

O mesmo vale para as perspectivas que eles aprendem com sua formação geral, por exemplo, uma criança que cresce em uma família com valores tradicionais de classe média provavelmente terá uma visão conservadora da classe média sobre a vida, enquanto uma criança que cresce em uma família mais abastada do estilo Hollywood provavelmente não estará tão preocupada em "se encaixar" ou "ser tradicional" - entendeu?

Bem, você ainda não terminou - seu trabalho agora - é descobrir quantas de suas opiniões pré-formuladas sobre questões são suas e quantas são simplesmente extensões do que você aprendeu - e quantos são os efeitos de como você cresceu - não seja preguiçoso, isso é importante, uma vez que sabemos quais são essas opiniões é que nós começamos a trabalhar em todo o processo de identificar influências externas e mudá-las para que possamos finalmente assumir o controle de nossos próprios pensamentos!

www.ingramcontent.com/pod-product-compliance
Lightning Source LLC
Chambersburg PA
CBHW071914070526
44583CB00016B/1981